D1084090

ENGLISH LINGUISTICS
1500—1800

(A Collection of Facsimile Reprints)

Selected and Edited by

R. C. ALSTON

No. 365

THE SCOLAR PRESS LIMITED
MENSTON, ENGLAND
1972

WILLIAM DUGARD

RHETORICES ELEMENTA

1648

THE SCOLAR PRESS LIMITED
MENSTON, ENGLAND
1972

THE SCOLAR PRESS LIMITED
20 Main Street, Menston, Yorkshire, England

420
£58
no.365

ISBN 0 85417 891 0

Printed in Great Britain by
The Scolar Press Limited
Menston, Yorkshire, England

NOTE

Reproduced (original size) from a copy in Guildhall Library, by permission of the Librarian.

As Dugard explains in his preface, *Rhetorices elementa*, 1648, was a simplified version of Charles Butler's edition of Omer Talon's *Rhetorica*. It was designed for use at Merchant Taylors' School, where Dugard was headmaster, and was also recommended by Charles Hoole as a grammar-school text-book for fourth, fifth and sixth forms (see *A new discovery of the old art of teaching school*, 1660, no. 133 in this series).

Rhetorices elementa is arranged as a series of questions and answers in which, if desired, the questions could be ignored and the answers read as a unified text on the theory of rhetoric. Dugard used the same basic plan in his *English rudiments of the Latin tongue*, 1656 (no. 335 in this series).

Rhetorices elementa, like *English rudiments*, enjoyed considerable popularity and subsequent editions appeared as follows: 1651, 1657 (labelled the fifth edition), 1673 (labelled seventh edition), 1679 (labelled ninth edition), 1680 (also labelled ninth edition), 1694 (labelled eleventh edition), 1712 (labelled fourteenth edition), and 1721. Again like *English rudiments*, extant copies of *Rhetorices elementa* are rare and no copies from the editions intermediate to those mentioned above appear to have survived. The Guildhall copy of the 1648 edition is unique.

For details of William Dugard's life see L. Rostenberg, 'William Dugard, pedagogue and printer to the Commonwealth' in *The papers of the Bibliographical Society of America*, Vol. 52, 1958, pp. 179-204.

References: Wing D2468; W. J. Ong, *Ramus and Talon inventory*, 1958, no. 165a.

J. R. Turner

Rhetorices elementa

QUÆSTIONIBUS
ET
RESPONSIONIBUS
EXPLICATA:

Quæ ità formantur,
UT,
Quæstionibus prorsus omissis, vel
neglectis, Responsiones solum-
modo integram Rhetorices insti-
tutionem Tironibus ex-
hibeant.

Per G U I L. D U G A R D.
in usum Scholæ Mercatorum-Scissorum.

Danda opera est, ut, post hæc initia, ad
incrementa quoque veniatur. Cypr. lib. 1.
Epist. 5.

LONDINI,
Typis Autoris. Anno Domini 1 6 4 8.
Veneunt apud *Thomam Slaterum* ad insigne Angeli in
vico vulgò vocato Duck-lane.

DIGNISSIMIS,

SPECTATISSIMIS,

ORNATISSIMIS-
QUE VIRIS,

MAGISTRO,

Guardianis, & Aßistentibus

Amplifsimæ Societatis

MERCATORUM.

SCISSORUM,

Benignifsimis Literarum

Patronis,

Hunc Rhetorices Libellulum qualem qualem, in juventutis gratiam
concinnatum,

In perpetuum Obfervantiæ μνημόσυνον

D. D. D.

Societatis Veftræ

Cultor humillimus

GUIL. DU-GARD.

Tironi, Rhetorices *ſtudioſo.*

TE monitum velim nobis in animo non fuiſſe, omnia, quæ de Rhetorices arte tradi ſolent, (ſtudio n. multa o-mittimus)præcepta perſequi: Sed præcipua, & maximi uſûs Elementa, quæ tironibus ſufficere arbitramur, in compendium ſolummodo redigere, & ad juniorum captum per * Ερωτήματα adeò planè & dilucidè accommodare, ut & ipſi Socios mutuis interrogationibus utiliter exercere valeant, & minùs fatigent præceptorem. Creſcente ætate & judicio majorum Gentium Rhetores, qui hæc omnia accuratiùs tractant, adire licebit : his interea temporis, qualia qualia ſunt, Tironibus fortaſſe, quibus ſolùm inſerviunt, non ingrata, ſi libet, utere.

Iſtud

Iſtud porrò animadvertendũ eſt, Quæ-
ſtiunculas haſce maximam partem ad
Caroli Butleri (τῦ μακαρίτυ) Rhetoricam
(quæ vulgò in Scholis teritur) formari ;
adeò ut nihil ferè in his καιτοπρεπὲς occur-
rat, quod vel in eo non inveniri, vel ad
eum non commodè referri poſſe videatur. Me ab aliis equidem nonnulla, ab
illo verò omnia ſumſiſſe non diffi-
teor. *Ingenui* n. *pudoris eſt* (ut cùm
Plinio loquar) *fateri per quos profe-*
ceris. Butlerus Talæum quàm-pluri-
mis emendavit : Iſtiuſmodi Quæſtiun-
culæ (niſi meum me fallat augurium)
Butlerum ipſum & faciliorem, & tene-
ræ ætatis ingenio longè accommodati-
orem reddent.   Vix enim ſine cortice
ſuppoſito natabunt pueri, quorum cap-
tui ſe ſubmittere juventutis formato-
res neceſſe eſt.   His igitur delibatis
Butlerum ipſum, ſiquâ de re hæſitave-
ris, conſule.

INDEX

INDEX.

INDEX.

Rhetorices Elementa.

CAP. I.

Quæst. 1. *Quid est Rhetorica?*

RHetorica est ars ornatè dicendi.

2. *Quot sunt partes Rhetorices?*

Partes Rhetorices duæ sunt
$$\begin{cases} \text{Elocutio} \\ \& \\ \text{Pronunciatio. } v. c. 20. \end{cases}$$

3. *Quid est elocutio?*

Elocutio est interna exornatio orationis.

Quare dicitur interna?

Dicitur *interna* ad differentiam pronunciationis, quæ est externa exornatio orationis.

4. *Quotuplex est Elocutio?*

Elocutio duplex est
$$\begin{cases} \text{Tropus} \\ \text{aut} \\ \text{Figura. } Vid. Quæst. 46. \end{cases}$$

5. *Quid est tropus?*

Tropus est elocutio, quâ vox à nativâ significatione in aliam immutatur.

6. *Quot in tropo sunt consideranda?*

In Tropo duo sunt consideranda
$$\begin{cases} \text{1. Affectiones.} \\ \& \\ \text{2. Genera.} \end{cases}$$

7. *Quot sunt Tropi Affectiones?*

B
Affecti-

Affectiones Tropi sunt quatuor $\left\{\begin{array}{l}\text{Catechrésis.}\\\text{Hypérbole.}\\\text{Metalépsis.}\\\text{Allegória.}\end{array}\right.$

8. *Quid est Catechrésis?*

CATACHRESIS est durior & injucundior verbi
immutatio, cùm scilicet nomen aliquod pro alio ponitur, in cujus locum non deductum esse, sed irruisse,
non precariò, sed vi venisse videatur, ut, Vir. Ec. 7.

Vir gregis ipse caper deerraverat : i.e. Dux gregu.
Capitis nives : i. e : cani capilli.

9. *Quid est Hypérbole?*

HYPERBOLE est ementiens superjectio, sive
audacior Tropi superlatio, quæ augendo, vel minu-
endo superat fidem.

N B. *Mentitur Hyperbole, sed non mendacio fallit.*

10. *Quotuplex est Hyperbole?*

Hyperbole duplex, est $\left\{\begin{array}{l}\text{Auxésis.}\\\text{aut}\\\text{Meiósis.}\end{array}\right.$

11. *Quid est Auxésis?*

AUXESIS est, cùm, augendi aliquid & amplificandi
gratiâ, verbum gravius, proprii loco, substituimus: ut,
cùm *liberalem, magnificum :: severum, sævum ; impro-*
bum sacrilegum dicimus.

12. *Quid est Miósis?*

MIOSIS [seu Tapinósis] est, cùm minuendi & extenu-
andi causâ, leviori utimur vocabulo, quàm res postu-
lat; ut, cùm *adulatorem, blandum & affabilem; prodigum*
aut audacem, liberalem aut fortem nuncupamus.

13. *Quid est Metalépsis?*

METALEPSIS est Tropi in uno verbo multipli-
catio : quando nempe ex improprio significatur
primò improprium, tum ex improprio illo fortè
aliud

aliud improprium ; atque ità deinceps, donec ad
proprium veniatur, intercedente medio gradu transitum prebente: ut Virg. Ecl. 1.
Post aliquot, mea regna videns, mirabor, aristas ?

Hic per *aristas, spicas* ; [per Synec. membri] per
spicas, segetes ; [per Synec. itidem membri ;] per *se-*
getes, æstates ; per metonym. subjecti pro adjuncto]
per *æstates, annos* [per Synec. membri] *intelligimus.*

15. *Quid est Allegória* ?

ALLEGORIA est Tropi continuatio, ubi nimirum
ejusdem generis tropi plures conjunguntur. Ut, Ter.
sine Cerere & Libero friget Venus : i. e : *sine pane &*
vino friget amor.

16. *Quid tenendum est in Allegória* ?

In Allegória tenendum est illud, ut quo ex genere
rerum cœperis, eodem desinas : secus inconsequen-
tia fœdissima fuerit.

CAP. II.

17. *Quot sunt Tropi Genera* ?

TROPI Genera sunt quatuor :
{ Metonymia,
Ironía,
Metáphora, &
Synécdoche.

18. *Quid est Metonymia* ?

METONYMIA est Tropus Caussæ ad Effectum,
Subjecti ad Adjunctum ; vel contrá : id est, Effecti
ad Caussam, vel Adjuncti ad Subjectum.

Caussa quid est?

Caussa est, cujus vi res est;

Quo-

Quotuplex eſt Cauſſa?

Cauſſa eſt quadruplex
{
1. Efficiens, à quâ
2. Materia, ex quâ
3. Forma, per quam
4. Finis, propter quam
} res eſt.

Quarum duæ tantùm priores hîc locum habent.

19. *Metonymia Cauſſæ quotuplex eſt?*

Metonymia Cauſſæ duplex eſt
{
Efficientis
aut
Materiæ.

20. *Quid eſt Metonymia Efficientis?*

METONYMIA EFFICIENTIS eſt, cùm inven-
tor & autor pro ipſis effectis rebus uſurpantur : ut
Mars *pro prælio* : Vulcanus *pro igne* : Neptunus *pro
mari* : Ceres *pro pane* : Bacchus *pro vino* : Venus *pro
amore* : Livius *pro hiſtoriâ à Livio conſcriptâ* : Virgilius pro poëmate *à Virgilio compoſito, &c.*

ut, Ter.

Sine Cerere & Libero friget Venus: i e : *ſine pane &
vino friget amor.*

Lege Virgilium : i e : *Virgilii opus.*

Sic etiam ponitur inſtrumentum pro re effectâ:
ut, lingua *pro ſermone.* Manùs *pro ſcripturâ.* Gladius
pro cæde. Arma *pro bello.*

21. *Quid eſt Metonymia materiæ?*

METONYMIA MATERIÆ eſt, cùm nomen ma-
teriæ pro effecto ponitur : ut, Æs, argentum, aurum
pro æreis, argenteis, vel *aureis nummis.* Ferrum *pro gladio.* pinus, abies *pro nati* : Hor. ep. 2, lib. 2.
Non domus & fundus, non æris acervus & auri
Ægroto domini deduxit corpore febres.

CAP.

CAP. III.

22. *Quid est Metonymia effecti?*

METONYMIA EFFECTI est, cùm ex effectis efficiens significatur: ut, *Victoria naturâ* insolens *& superba est* : i e: *insolentes & superbos reddit. Mors* pallida, *quæ pallidos reddit.*

NB. Effectum est, *quod à causâ efficiente pendet.*

Sic ponitur *scelus* pro *scelestus, scelerum machinator.*

———— opus pro autore.

Quas meruit pœnas jam dedit illud opus : i e: *Ovidius, illius operis autor.*

CAP. IV.

23. *Quid est Metonymia subjecti?*

METONYMIA SUBJECTI est , cùm nomen proprium rei subjectæ ad significandam rem adjunctam traducitur.

NB. Subjectum *dicitur illud, cui aliquid quocunque modo aut inest, aut adhæret.*

24. *Quot modis fit Metonymia subjecti.*

METONYMIA SUBJECTI fit novem modis, cùm scilicet ponitur

1. Subjectum pro Accidente inhærente : ut
    Non tu pius cernis, sed plus temerarius audes;

B 3

Nec

Nec tibi plus cordis, *sed minus* oris *inest.*
Vbi Cor *pro prudentiâ, quæ sedem habet in corde*
(unde prudentes cordati dicuntur); os *pro pudore,*
qui se ore, i. e. vultu prodit.

2. Continens pro re contentâ. *Sic poculum pro potu:*
Crumena pro nummis, &c.

3. Locus pro incolis : ut, *urbs pro civibus.*
Invadunt urbem somno vinóque sepultam.

4. Locus pro rebus in loco gestis : ut, Cic. de Orat.
Age verò, nè semper forum, subsellia, rostra, curi-
ámque mediteris : i e : actiones Rhetoricas in
foro, &c.

    Sic per Academiam, Lycéum, Tusculanum
[Suburbanum illud Gymnasium] intelligimus doctri-
nam celebratam in Academiâ à Platone, in Lycéo ab
Aristotele, in Tusculano à Cicerone.

5. Possessor pro re possessâ : ut
    ——— *Jam proximus ardet*
    Ucalegon : *i. e. ucalegonis domus.* Apud me : *i. e.*
domi meæ.

6. Dux pro exercitu : ut, Annibal *victus : i. e. Anni-*
balis exercitus.

7. Patronus vel Advocatus pro Cliente : ut, Cic.
pro Cæcin. *restituisse te dixti? Nego me edicto*
Prætoris restitutum esse.

8. Res, quæ in tempore fit, pro ipso tempore. ut,
Messis pro æstate. Virg. ecl. 5. *Ante focum*
si frigus erit, si messis in umbrâ.

9. Nomen rei figuratæ pro signo : ut, Virg. Ecl. 3.
Orphéáque in medio posuit sylvásq; sequentes: i. e.
cælatas Orpheos & sylvarum imagines.

CAP.

CAP. V.

25. *Quid est Metonymia Adjuncti ?*

METONYMIA ADJUNCTI est, cùm ex adjunctis res subjectæ significantur ?

N. B. Adjunctum dicitur quicquid alteri rei quocunque modo adhæret, aut cui aliud quocunque modo subjicitur.

27. *Quot modis fit Metonymia Adjuncti ?*

METONYMIA ADJUNCTI fit 8 modis:

1. Cùm nomina virtutum ipsarum pro bonis viris, & vitiorum pro malis, & multarum aliarum rerum pro personis, quibus adjunctæ sunt, usurpantur. ut, *ex hac parte* pudor *pugnat, illinc* petulantia: ubi pudor *pro pudicis*, petulantia *pro petulantibus ponitur, &c.*

   Hor. Virtutem *præsentem odimus :* i. e : viros bonos.

2. Res contenta pro continente. ut Virg. Æn. 1. vina *coronant : i. e : pateram vina continentem.*

3. Adjunctum temporis pro subjectis. ut Æn. 1. *Aspera tum positis mitescent* secula *bellis: i. e : homines qui istis seculis vixerunt. Temeritas est* florentis ætatis, *prudentia* senectutis : *i. e : juvenum & senum.*

4. Signum pro re significatâ â : ut, Sceptrum *pro regno,* fasces *pro magistratu.* Toga *pro pace,* arma *pro bello, &c.*

5. Res locata pro loco : ut, *te quæsivimus omnibus* libellis : *i.e. bibliothecis.* Ludus *pro circo.*

6. An-

6. Antecedens pro confequente : ut, difcumbere *pro cœnare* : audire *vel* aufcultare *pro obtemperare* : Fuimus Troés, *pro non amplius fumus* vixit : i. e. *mortuus eft.*

7. Confequens pro Antecedente : ut, fepultus eft *pro mortuus eft.* Evigilabit *pro dormitat.*

8. Connexum vel concomitans unum pro altero : ut, pedes tegere, *pro alvum levare* : Annibal *ibi moratur, pro exercitus Annibalis.*

CAP. VI.

---

27. *Quid eft Ironia ?*

IRONIA eft Tropus ab oppofito ad oppofitum.
28. *Quomodo percipitur Ironia ?*
Percipitur Ironia tribus modis : vel [1] pronunciatione : vel [2] Perfonâ ; vel [3] rei naturâ : nam fiqua earum diffentit à verbis, apparet mentem etiam iifdem diffentire.

29. *Quotuplicia funt oppofita ?*

Oppofita funt duplicia $\begin{cases} \text{Difparata} \\ \quad \& \\ \text{Contraria.} \end{cases}$

30. *Difparata quænam funt ?*
Difparata funt res quælibet naturâ diverfæ ; ut, homo, lapis, liber, canis, &c. ideóque unum multis pariter opponitur.

31. *Contraria quænam funt ?*
Contraria funt res fibi invicem naturâ repugnantes ; ut, lux & tenebræ : calor & frigus : ideóque unum uni pariter opponitur.

32. *Quid*

32. *Quid est* Ironia *à Disparato?*

IRONIA A DISPARATO est, quando de personâ aliâ quidpiam dicitur, de aliâ intelligitur; sive affirmatum de utrâque, sive negatum de alterâ.

affirmatum de utrâque: ut, *Ecl.* 3.

Tum credo, cùm me arbustum videre Myconis,
Atque malà vites incídere falce novellas. Ubi per *me* intelligit Damætam, seipsum nominans Menalcas.

Negatum de alterâ. ut Ovid. *Metam.* 13.

——*Nec in his quisquam damnatus & exul.* ubi Ulysses Ajacem taxans, negat quenquam sui generis damnatû & exulem fuisse: sed illud tacitè Ajaci exprobrat, cujus pater Telamon, & patruus Peleus, quòd Phocam tertium fratrem trucidâssent, exulabant.

33. *Quid est* Ironia *à contrario?*

IRONIA A CONTRARIO est, quando ex contrario contrarium significatur; ut, Ter. *ô salve bone vir, curâsti probe:* id est, *pessime, curâsti negligenter.*

34. *Quid est* Paraleipsis?

PARALEIPSIS est Ironiæ species, quâ affirmamus nos ea praeterire, quæ tamen maximè dicimus. ejus formulæ sunt: *Praetereo, mitto, taceo, sileo, relinquo, omitto, missa facio, praetermitto, relinquam, concedam, &c.* ut Cic. *Mitto* illam primam libidinis injuriam; *mitto* nefarias generi nuptias: *mitto* cupiditate matris expulsam matrimonio filiam. Hîc simulatè quædam dicuntur praetermitti, quæ tamen disertè memorantur.

35. *Quid est* Apophasis?

APOPHASIS est Ironiæ species, quâ negamus nos dicere, aut facere quod maximè dicimus aut facimus. ut, Cic. Ver. 1. *Nec ea dico, quæ si dicam, tamen infirmare non possis.*

CAP.

CAP. VII.

36. *Quid est Metaphora?*

METAPHORA est Tropus à simili ad simile. Nihil est autem in rerum naturâ, unde simile duci non potest, indidémque ideò & Metaphora. ut, *Princeps Caput Reipublicæ.*

37. *Quot sunt Classes illarum rerum à quibus ducitur Metaphora?*

Octo præcipuè sunt Classes illarum rerum, à quibus ducitur Metaphora.

1. A Rebus sacris & divinis : ut, *homo homini Deus.*

2. A Cœlestibus: ut, *Vigilius poëtarum Sol.*

3. Ab Elementis : ut, *invidia flamma: eloquentiæ flumen.*

4. A Meteoris : ut, *fulmen orationis.*

5. A Mineralibus : ut, *Aurea secula, ferreum pectus.*

6. A Vegetabilibus : ut, *flos nobilitatis.*

7. Ab Animalibus: ut, *Anglia Insularum ocellus* : Latrant *oratores, non loquuntur.*

8. A rebus artificialibus: ut, *Appion Cymbalum mundi,* sic dictus ob garrulitatem. Sic dicimus *limare scriptum , expolire orationem, amicitiam dissuere,* &c.

CAP.

CAP. VIII.

38. *Quid est Synecdoche?*

SYNECDOCHE est Tropus partis ad totum, aut contrá: i. e: totius ad partem.

39. *Quotuplex est pars?*

Pars duplex est
{
Membrum
vel
Species.
}

40. *Quid est Synecdoche Membri?*

SYNECDOCHE MEMBRI est, quando ex membro integrum significatur. ut, *tectum pro domo*: Ridiculum caput pro *faceto & lepido homine.* Mucro *pro gladio.* Dux *pro exercitu.* Anima *pro homine.*
Sic numerus singularis pro plurali ponitur: ut *Hostis habet muros, ruit alto à culmina Troja.*
"*pro* Hostes. Romanus *sedendo vincit.*

N B. Num. singularis est pars seu membrum pluralis, non species: præsertim cùm ex unitatibus tanquam ex particulis multitudo omnis constituatur.

41. *Quid est Synecdoche speciei?*

SYNECDOCHE SPECIEI est, quando ex specie significatur Genus: ut, *cùm ponitur Aristides pro justo, Crœsus pro divite: Mæcenas pro patrono.*
Sic infinitum numerum dicimus pro magno: ut, *Sexcenta licet ejusmodi proferre.*
"Sexcenta] *species numeri magni pro numero magno in genere.*

CAP.

CAP. IX.

42. *Quid est Synecdoche Totius ?*

SYNECDOCHE TOTIUS est, quando ex toto pars significatur.

43. *Quotuplex est Totum ?*

Totum est duplex
{
Integrum
vel
Genus.
}

44. *Quid est Synecdoche Integri ?*

SYNECDOCHE INTEGRI est, quando ex integro significatur membrum : ut,
Pabula gustassent Trojæ, Xanthúmque bibissent :
   i. e. partem pabuli, partem Xanthi fluvii.
Sic numerus pluralis pro singulari : ut, Nos *populo* imposuimus, & Oratores *visi sumus* : ubi de se tantùm loquitur Orator.

45. *Quid est Synecdoche Generis ?*

SYNECDOCHE GENERIS est, quando ex Genere significatur species : ut, Homo *pro Catilinâ.* Virtus *pro fortitudine* : Poëta *pro Homero aut Virgilio* : Orator *pro Demosthene aut Tullio.*
Sic cùm vixisse & fuisse dicimus, quæ jam mortua esse, & non existere intelligimus.
——Fuimus Troës, fuit Ilium, & ingens Gloria Teucrorum.

        Hactenus de Tropis. *Vid. suprà Qu. 5.*

                                        CAP.

CAP. X.

46. *Quid est Figura?*

FIGURA est elocutio, quâ orationis habitus à rectâ & simplici consuetudine mutatur.

47. *Quotuplex est Figura?*

Figura duplex est {Dictionis, vel
Sententiæ *Vid. Quæst.* 75.

48. *Quid est Figura dictionis?*

FIGURA DICTIONIS est, quâ oratio figuratur dictionibus aptè & jucundè inter sese resonantibus.

49. *Quotuplex est figura dictionis?*

Figura dictionis duplex est: vel {Dimensione, vel
in sonorum {Repetitione *vi.q.63*

50. *Quid est Figura in Dimensione?*

FIGURA IN DIMENSIONE est suavis ille sonorum in oratione numerus.

51. *Quotuplex est Numerus?*

Numerus duplex est {Poëticus, vel
Oratorius. *Vid. Qu.* 62.

52. *Numerus Poëticus quid est?*

NUMERUS POETICUS est, qui perpetuis certorum spatiorum legibus astringitur.

53. *Quotuplex est Numerus Poëticus?*

Numerus Poëticus duplex est {Rythmus, aut
Metrum.

54. *Quid est Rhythmus?*

RHYTHMUS est numerus Poëticus certum syllabarum numerum, nullâ habitâ quantitatis ratione, continens.

Plerunque

Plerunque a. Epistrophen soni conjunctum
habet : ut in illo divini vatis poëmate.

Dare to beł ue : nothing can need a lie :
A fault that need's it most, grow's two thereby.

55. *Quid est Metrum ?*

M E T R U M est numerus Poëticus certis pedibus
constans, quorum ultimus ultimum habet indiffe-
rentem.

N B. Hujus numeri gratiâ *Metaplasmus* [i.e. transformatio quædam dictionis] permittitur, quando
scilicet aliquid in eâ deficit, redundat, vel immutatur.

56. *Quot sunt Metaplasmi species ?*

Metaplasmi 4. sunt species	1. in elidendo 2.	Synalœpha —— Ecthlipsis ——	Quæ omnia notæ sunt ex Grammаticâ.
	2. in addendo & auterendo 6.	Prósthesis, Aphæresis Epénthesis, Syncope, Paragóge, Apócope.	
	3. in distrahen lo & contrahendo 2.	Diæresis Synæresis	
	4. in immutando 5.	Tmesis. Metathesis. Antithesis. Diastole. Systole.	

57. *Quid est Tmesis ?*

T M E S I S est, quæ compositæ vocis partes, alterius
vocis interpositione, dissecat: ut, Virg. Æn. 12.
Quâ te cunque manent isto certamine casus : pro,
quicunque te.

58. *Quid*

58. *Quid est Metathesis?*

METATHESIS est, quæ literam eandem trans-
ponit: ut, *pistris pro pristis : Tymbre pro Tymber.*
Virg. Æn. 3. de Scyllâ.
Prima hominis facies, & pulcro pectore virgo
Pube tenus : postrema immani corpore pristis.
Nam tibi Tymbre caput Evandrius abstulit ensis. Æn. 10

59. *Quid est Antithesis?*

ANTITHESIS est, quæ literam unam pro
aliâ ponit : ut, *Olli pro illi : vortunt pro vertunt :*
Optumè pro optime.

60. *Quid est Diastole?*

DIASTOLE est, quæ brevem syllabam producit: ut
Molle meum levibus cōr est *violabile telis.* Ovid.
Cum mulïēre *marem sociali fœdere jungens.* Mant.
ubi *syllaba* naturâ breves *in* cōr & mulïēre *per*
Diastolen producuntur.

61. *Quid est Systole?*

SYSTOLE est, quæ longam syllabam corripit:
ut, *tulērunt, palūs :*
Matri longa decem tulērunt fastidia menses. Virg.
Regis opus sterilisque diu palūs aptáque remis. Hor. Ast.
pra *tulērunt, palus.*
Quæ ad numeri Poëtici, sive Carminis
rationem pertinent, à Grammaticis
petenda sunt, quamvìs in Rhetoricâ
propriè tradi debent.

CAP.

CAP. XI.

62.   *Quid est Numerus Oratorius?*

NUMERUS ORATORIUS est, qui ex pedibus quidem constat, sed incertis & liberis. Hactenus de figurâ in soni dimensione.

63. *Quotuplex est Figura in soni repetitione?*

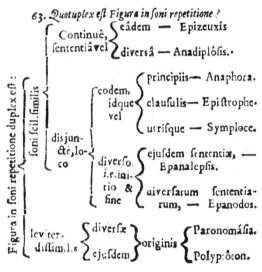

CAP.

CAP. XII.

64. *Quid est Epizeuxis?*

EPIZEUXIS est, quando sonus similis conti-
nuè in eâdem sententiâ iteratur.

65. *Quotuplex est?*

Duplex est : vel in $\begin{cases} \text{parte vocis} \\ \text{voce integrâ} \end{cases}$ $\begin{cases} \text{principii} \\ \text{finis.} \end{cases}$

principii, ut Met. 1.

O utinam possem populos reparare paternis
Artibus; atque animos formatæ infundere terræ.

finis : ut, de Arusp. resp.

Titus Annius ad illam pestem comprimendam extin-
guendam, funditus delendam natus esse videtur.

in voce integrâ. Virg. Ecl. 5.

*Ipsa sonant arbusta,*Deus Deus *ille, Menalca.*
Si, nisi quæ facie poterit te digna videri,
Nulla *futura tua est ; nulla futura tua est.*

66. *Quid est Anadiplôsis?*

ANADIPLOSIS est, quando sonus similis con-
tinuè in diversis sententiis, i e. in fine præceden-
tis, & principio sequentis repetitur : ut, Virg.
Ecl. 10.

Pierides, vos hæc facietis maxima Gallo :
Gallo, *cujus amor tantùm mihi crescit in horas.*

67. *Quid est Climax?*

CLIMAX est, quando Anadiplôsis pluribus gra-
dibus continuatur : ut, ad Heren.

Quæ reliqua spes libertatis manet, si illis, & quod libet
licet : & quod licet, possunt : & quod possunt, audent :
& quod audent, faciunt : & quod faciunt vobis molestum
non est?

C   CAP.

CAP. XIII.

68. *Quid est Anaphora?*

ANAPHORA est, quâ similis sonus iteratur in principiis sententiarum. ut, Virg. Geor. 4.
Te, dulcis conjux, Te solo in littore secum,
Te, veniente die, Te, decedente canebat.

69. *Quid est Epistrophe?*

EPISTROPHE est, quâ similis sonus in clausulis iteratur: ut, pro Pomp. *ut ejus voluntatibus non solùm cives assenserint, socii obtemperarint, hostes obedierint, sed etiam venti tempestatésque obsecundârint.*

70. *Quid est Symploce?*

SYMPLOCE est, quâ similis sonus in principiis & clausulis iteratur. ut, Agrar. 1. Quis *legem tulit?* Rullus. Quis *majorem populi partem suffragiis privavit?* Rullus. Quis *Comitiis præfuit?* Rullus.

CAP. XIV.

71. *Quid est Epanalepsis?*

EPANALEPSIS est, quâ similis sonus in principio & clausulâ ejusdem sententiæ repetitur: ut Æn. 1.
Multa super Priamo rogitans, super Hectore multa.

72. *Quid est Epanodos?*

EPANODOS est, quâ similis sonus in principiô & clausulâ diversarum sententiarum, sed intercedente

dente Anáplôú, iteratur : ut, Virg Ecl. 8.

Crudelis mater *magis, an puer improbus ille ?*
*Improbus ille puer,*crudelis tu quoque mater.

𝔴𝔥𝔢𝔱𝔥𝔢𝔯 𝔱𝔥𝔢 𝔴𝔬𝔯𝔰𝔱, 𝔱𝔥𝔢 𝔠𝔥𝔦𝔩𝔡𝔢 𝔞𝔠𝔠𝔲𝔯𝔰𝔱,
𝔬𝔯 𝔢𝔩𝔰 𝔱𝔥𝔢 𝔠𝔯𝔲𝔢𝔩 𝔪𝔬𝔱𝔥𝔢𝔯 ?
𝔈𝔥𝔢 𝔪𝔬𝔱𝔥𝔢𝔯 𝔴𝔬𝔯𝔰𝔱, 𝔱𝔥𝔢 𝔠𝔥𝔦𝔩𝔡𝔢 𝔞𝔠𝔠𝔲𝔯𝔰𝔱,
𝔞𝔰 𝔟𝔞𝔡 𝔱𝔥𝔢 𝔬𝔫𝔢 𝔞𝔰 𝔱𝔥'𝔬𝔱𝔥𝔢𝔯. T. F.

CAP. XV.

73. *Quid est Paranomasia ?*

PARANOMASIA est, cùm dictio, literæ
aut Syllabæ alicujus commutatione, significatione
quoque commutatur : ut, Cat. 1. ut, *Non emissus ex*
urbe, sed immissus in urbem esse videatur.

74. *Quid est Polyptoton ?*

POLYPTOTON est, cùm ejusdem originis
variis casibus voces inter se consonant : ut, Æn. 4.
Littora litteribus *contraria, fluctibus undas*
Imprecor, arma armis.

CAP. XVI.

75. *Quid est Figura sententiæ ?*

FIGURA SENTENTIÆ est Figura,quæ
totam sententiam aliquo animi motu afficit.

76. *Quotuplex est ?*

$$\text{Duplex est, in} \begin{cases} \text{Logismo} \begin{cases} 1.\ \text{Ecphonésis.} \\ 2.\ \text{Revocatio sui ipsius quæ vel} \begin{cases} \text{Antecedentis} \rbrace \text{ Epanortchósis.} \\ \text{correctio} \\ \text{Consequentis reticentia.} \rbrace \text{ Aposiopésis.} \end{cases} \\ 3.\ \text{Apostrophe.} \\ 4.\ \text{Prosopopœïa.} \end{cases} \\ \text{Dialogismo.} \textit{ Vid. quæst } 92. \end{cases}$$

77. *Quid est Logismus?*

Logismus est, quando sine collocutione sententia figuratur.

78 *Quotuplex est?*

Quadruplex est : Ecphonésis, & sui ipsius Revocatio: Apostrophe, & Prosopopœïa.

79. *Quid est Ecphonésis ?*

EPHONESIS est figura in logismo per adverbium exclamandi expressum vel intellectum.

N B. Ista figura magnum prorsus est animi commovendi instrumentum, & quidem affectuum variorum

80. *Quot modis fieri solet exclamatio ?*

1. Admirationis ; ut, *ô clementiam admirabilem !*

2. Desperationis ; ut, *ô frustrà mei suscepti labores !*

3. Optationis : ut,
ô utinam tunc, cùm Lacedæmona classe petisset, obrutus insauis esset adulter aquis.

4. Indignationis : *ô scelus ! ô pestis ! ô labes !,*

5. Irrisionis : *ô stultos Camillos, Curios, Fabricios, Calatinos, Scipiones, Marcellos, Maximos !*
ô amens-

ô *amentem Paulum ! rusticum Marium !*

6. Obtestationis : *Proh Deûm atque hominum*
    fidem !

7. Gaudii : ô *Populares ! ecquis me hodie for-*
    tunatior !

Fieri
solet
per
modû

8. Commiserationis & doloris : ubi usurpantur
    ah, *heu, ehem, ehei :* ut Cic. Offi·. 1.
    ô *domus antiqua ! heu quàm dispari domino*
    dominaris !

9. Invocationis, vel compellationis : ut, *Dii*
    maris & cæli ! Dignissime Vir ! Amplissime
    Præsul !

10. Deprecationis : ut, Æn. 1.
    Dii tibi (siqua pios respectant numina, siquid
    usquam justitiæ est,& mens sibi conscia recti)
    Præmia digna ferunt ! ⸻

11. Imprecationis : ut, Æn. 2.
    At tibi pro scelere (exclamat) pro talibus ausis
    Dii (siqua est cælo pietas . quæ talia curet)
    Persolvant grates dignas ! ⸻

    8 1. *Quid est Epiphonema ?*

EPIPHONEMA est exclamationis species,quæ
ad finem rei narratæ & explicatæ addi solet : ut,
cùm Virgilius exposuisset omnes caussas, quibus
Juno Romanos persequebatur, tandem acclamat,
Tantæ molis erat Romanam condere Gentem. Æn. 1.
    82. *Quid est Revocatio sui-ipsius ?*

REVOCATIO SUI-IPSIUS est quando
revocatur quidpiam : & est ardentioris sermonis
veluti refrigeratio.
    83. *Quotuplex est ?*

Duplex est { Epanorthôsis, aut
              Aposiopêsis.
    84. *Quid est Epanorthôsis ?*
        C 3   EPA·

EPANARTHOSIS eft, quando antecedens
aliquid corrigendo revoca ur : ut, Ter. Heaut.
Filium unicum adolescentulum habeo: ah quid dixi ?
habere me ? imò habui Chremè : nunc habeam, nécne
incertum eft.

86. *Quid eft Apofiopéfis ?*

APOSIOPESIS eft , quâ fententiæ inchoatæ
curfus revocatur , partem aliquam, quæ tamen in-
telligatur, reticen o : ut, Ter. Eun.
Ego te furcifer, fi vivo.

CAP. XVII.

87. *Quid eft Aroftrophe ?*

APOSTROPHE eft, quando oratio ad alienam perfonam convertitur, quàm inftituta oratio
requirit : ut, Metam. 1.

—Dii cœptis (nam vos mutâftis & illas)
Afpirate meis.——

Quot modis fieri folet Apoftrophe ?

1. Ad Deum : ut, *fit mifericordia tua, Jehova, fuper*
nos quemadmodum fperamus in te.

2. Ad angelos bonos : ut, *Vos, fanctiffimi angeli,*
teftes volo meæ innocentiæ

3. Ad angelos malos : ut, *Sanguis Jefu Chrifti nos*
purgat ab omni peccató; quid ego tibi vis
Satan, quando contrarium mihi infufurras.

4. Ad adverfarios : ut, *quoufque tandem, Catilina,*
abutére patientiâ n ftvâ ?

5. Ad ipfum Oratorem : ut, *ut quid perturbaris*
anima mea ? quin te convertis ad Deum, inque
finum ejus tuam exoneras folicitudinem.

6. Ad auditores præfentes : ut, *te mox appello P.*
Scipio, Te Metelle.

7. Ad abfentes : ut, *De rebus tuis geftis, M. Mar-*
celle, nulla unquam conticuicet ætas.

Apoftrophe fit variis mo dis.

8. Ad

8. Ad mortuos. *Sic est auditores. Facundia ad om-*
nia utilis. Provoco ad te Cicero, eloquentiæ
parens.

9. Ad beltias : ut, *Vos adeste ciconia, & ingratitu-*
dinem hominum redarguite.

10. Ad res inanimatas : ut, *Vos agri, vos parietes*
obtestor ; annon sudabatis, cum tantum nefas
hô: lo t perpetrabatur.

88. *Quid est Prosopopœia?*

PROSOPOPOEIA est, quâ alienam personam
oratione nostrâ loquentem fingimus. Sic Virg.
sub Æn. personâ.

O Socii! (neque ignari sumus antè-malorum)
ô passi graviora! Dabit Deus his quoque finem, &c.

89. *Quotuplex est?*

Duplex est {
Imperfecta.
Perfecta.
}

90. *Quid est Imperfecta?*

IMPERFECTA est, cùm sermo alicui personæ
leviter & obliquè repræsentatur : ut, pro lege
Manil. *Hi vos (quoniam liberè loqui non licet)*
tacitè rogant , ut se quoque sicut cæterarum provincia-
rum socios dignos existimetis, &c.

91. *Quid est perfecta?*

PERFCTA est cùm tota fictio personæ oratione
nostrâ plenè repræsentatur.

CAP. XVII.

---

92. *Quid est Figura in Dialogismo?*

FIGURA IN DIALOGISMO est, cùm
sententia figuratur in collocutione, quæ consistit in
interrogatione & responsione.

93. *Quo-*

93. *Quotuplex est?*

Duplex est {

interrogatio. {

deliberatio { nobiscum - Apória
cum aliis · Anacœnósis.

Occupatio ——— Prolépsis &
prosapódosis.

responsio { facti?
dicti? } condonatio { Epitrope.
Synchorésis

94. *Quid est Apória?*

APORIA est deliberatio nobiscum. ut Virg. Æn. 4.

En quid agam ? rursúsne procos irrisa priores
Experiar ? Nomadúmque petam connubia supplex? &c.

tandem responsio addubitationis sequitur :

Quin morere, ut merita es, ferróque averte dolorem.

95. *Quid est Anacœnósis?*

ANACÆNOSIS est deliberatio cum aliis. ut
Cic. pro Quint.

Quid denique ? quid censetis ? cedò si vos in
eo loco essetis, quod aliud fecissetis ?

96. *Quid est occupatio?*

OCCUPATIO est cùm alieni consilii iterroga-
tionem occupamus, eíque responsionem subji-
cimus.

Hæc {

à priore parte Prolépsis
sive ὑποφορὰ

à posteriore parte Prosa-
pódosis ἀνθυποφορά.

} dicitur.

ὑποφορὰ objectionem proponit : cujus signa
ferè sunt, *Etsi, licèt, quanquam, dicat*
aliquis, quærat aliquis, miretur aliquis,
at inquis, at inquiat aliquis, &c.

ἀνθυποφορὰ objectioni respondet ; cujus signa
ferè sunt, *tamen, at inquam ego, respondeo hunc*
in modum, his talem comparatam volo respon-
sionem, &c. N. B.

N B. Prolépsis ferè Prosopopœiam conjunctam
habet: ideóque aliàs { obliqua / directa } est.

OBLIQUA est, quæ imperfectam solummodò
Prosopopœiam adjunctam habet. ut Cic. pro Archia
*Credo ego vos (judices!) mirari, quid sit, quòd cùm
tot summi Oratores hominesque nobilissimi sedeant,
ego potissimùm surrexerim, &c.*

tandem responsio subjungitur:
*Quæ me igitur res præter cæteros impulit
ut caussam sexti Roscii reciperem?*

PERFECTA est, quæ plenam habet Prosopopœiam.
ut Cic. pro Cœlio. *Dicet aliquis, hæc igitur est tua
disciplina? sic tu instituis adolescentes?*

CAP. XIX.

97. *Quid est Epitrope?*

EPITROPE est, cùm facti cujuspiam licentia
condonatur.

98. *Epitrope quotuplex est?*

Epitrope duplex est { Seria. / Ironica.

Seria: pro Flacco. *Tribuo Græcis literas; do multarum artium disciplinam, non adimo sermonis leporem,
ingeniorum acumen, dicendi copiam; denique etiam, siqua
sibi alia sumunt, non repugno: testimoniorum reli-
gionem et fidem nunquam ista natio coluit.*

Ironica: ut, ——— *Neq; te teneo, neq; dicta refello.
I; Sequere Italiam ventis: pete regna per undas.*

99. *Quid est Synchoresis.*

SYNCHORESIS est, cùm dictum aliquod, aut
argumentum condonatur: ut,
*Sit sacrilegus, sit fur, sit flagitiorum omnium vi-
tiorúmque princeps: at est bonus Imperator.*

CAP. XX.

Hactenus de Elocutione , primà
Rhetoric.s parte, in Tropis &
Figuris expositâ.

99. Quid est Pronunciatio ?

PRONUNCIATIO est externa exornatio
orationis.

Quare dicitur Externa ?
Externa dicitur ad differentiam Elocutionis
quæ est interna exornatio orationis.

100. *Quot sunt Pronunciationis partes ?*

Pronunciationis partes 2 sunt $\left\{\begin{array}{l}\text{Vox seu } \textit{Prolatio,}\\ \text{Gestus sive } \textit{Actio.}\end{array}\right.$

De Prolatione Canones.

I. *Oratio non eôdem tenore, sed gratâ vocis varietate
proferenda.*

Perpetuata n. μονοτονια turpis & ingrata est.

II. *Nè sit Vox gravissima, neve acutissima.*

Nam submisso illo murmure debilitatur
Omnis intentio : contrà a. omnia clamosè
dicere, insanum est. Et quod majus inscitiæ
fuerit argumentum quàm clamore applau-
sum quærere velle ? quales veriùs *clamatores*
dixeris, quàm *oratores.* Cicero eos claudis
esse similes dicebat : nempe quia ut hi, ob
imbecillitatem suam, ad equum confugiunt:
ità isti in voce Stentoreâ, tanquam in ju-
mento,

mento, fiduciam omnem apud imperitos re-
ponunt Atqui, ut bene olim dictum fuit,
cognoſcitur Orator ἐκ ἐκ τῆς φωνῆς, ἀλλ'
ἐκ τῆς γνώμης, non ex voce, ſed ex
mente. *Voſſ.*

III. *Singulæ cujuſque dictionis ſyllabæ, præſertim ex-
trema, diſtinctè & clarè proferantur.*

Quia terminationis occulta tio occultat
ferè ſenſum ſententiæ: hîc tamen ſupinâ
diſcentium (nè dicam docentium) negligentiâ
in ſcholis nonnullis nimiùm peccatur.

IV. *Emphatica, aliáque præcipuæ notæ verba, præſertim antitheta ſeu invicem reſpondentia paullò
altiorem vocis & tonum & ſonum requi-
runt : ut,*

An linguâ & ingenio *patefieri aditus ad ci-
vitatum potuit ;* manu & virtute non potuit ?
hîc verba emphatica, *linguâ* & *manu, ingenio
et virtute* invicem reſpondent : ideóque cla-
tiori voce proferenda ſunt.

V. *Sit* Vox, *quantum ad orationis partes,*

1. *In exordiis,* ſubmiſſa ac Verecunda.
2. *In narratione,* ſimplex & aperta, familiari
colloquio ſimilis.
3. *In Propoſitione,* tardior & clarior

4. *In confirmatione* ſu
varia : nempe in

xplicando recta & me-
dia inter acutam &
gravem.
probando gravis, agilis,
& acris.
amplificando contenta,
fortis & penetrans.

5. *In*

5. *In confutatione,* fit vehementior & feverior ;
& fi efferenda fit ironia, jocofa.

6. *In Epilogo* excitata, quafi partâ victoriâ.

V I. Ratione Affectuum, fit Vox

1. *In miferatione,* flexibilis, plena, interrupta,
fl bilis.

2. *In iracundiâ,* acuta, incitata, crebrò interrupta, nutans, vacillans, & proferens
verba tertiata.

3. *In metu & verecundiâ,* contracta, demiffa,
hæfitans & abjecta.

4. *In voluptate,* lenis, tenera, effufa, hilarata,
remiffa.

5. *In dolore fine commiferatione,* gravis & obducta
fono, & preffu imo.

6. *In dolore cum commiferatione,* triftis, blanda,
& fubmiffa.

7. *In* $\left\{\begin{array}{l}\textit{blandiendo}\\\textit{fatendo}\\\textit{fatisfaciendo}\\\textit{rogando}\end{array}\right\}$ lenis & fubmiffa,

8. *In* $\left\{\begin{array}{l}\textit{fuadendo,}\\\textit{monendo}\\\textit{promittendo}\end{array}\right\}$ gravis ac fortis.

9. *In confolando* triftis, blanda & fubmiffa.

10. *In laudando,* gratiarum actione, & fimili-
bus, læta, magnifica, & fublimis.

De *Gestu Regulæ* : quæ $\left\{\begin{array}{l}\text{totius corporis}\\\text{fingularum partium.}\end{array}\right.$
funt de geftu
Totius corporis.

1. *Corpus inter perorandum fit fecundùm naturam ere-*
ctum & elevatam.

II. Cor-

II. Corpus moderatè moveatur, nè fit immobile inftar trunci, aut agitetur inftar rami à ventis impulfi.

Singularum partium.

III. Caput erigatur in caufsâ bonâ : demittatur modicè ad fignificandum modeftiam, verecundiam & humilitatem : cætera fit erectum fecundùm naturam.

IV. Oculi aperti fignificant favorem : immoti & blandi fiduc am : imm ti & rigidi vehementiam : conniventes d ffimulationem, expectationem, & admirationem.

V. Cervice utendum er ctâ, non tamen rigidâ.

VI. Humeri non alleventur nimis, aut contrahantur.

VII. Brachia modicè projiciantur, & dextrum potiùs quàm finiftrum faciat geftum.

VIII. Manus optimè à finiftro incipit latere, ac dextro deponitur.

IX. Pectus feriatur, & femur in affectibus vehementioribus.

X. In *Pedibus* obfervetur $\begin{cases} \text{ftatus.} \\ \text{inceffus.} \end{cases}$

In dextrum aut lævum latus vacillare, alternis ped bus infiftendo ridiculum eft *Supplofio* tamen *pedis* in contentionibus et incipiendis & finiendis, eft opp rtuna

Inceffus permiff s eft Oratori, fed rarus & tantùm in cauffis publicis, ubi.

Sug-

Suggestum amplum & spatiosum est:
discursare autem ineptissimum.

Atque hæc de Gestu Corporis sufficiat
monuisse: reliqua quæ ad Actionem
pertinent, exercitationi relinquemus:
cui plus hoc agendi artificium debet
quàm Præceptis.

FINIS.

Δόξα τῷ Θιῷ.

APPENDIX DE
Figuris Secundariis.

Primariis Dictionis sententiæ Figuris (ὅτον ἐν προσθήκης μέρει) adjiciantur totidem, in utroque genere, secundariæ.

Figuræ Dictionis 8.

1. *Ellipsis.* 2. *Pleonasmus.* 3. *Asyndeton.* 4. *Polysyndeton.*
5. *Hyperbaton.* 6. *Zeugma.* 7. *Antithesis.*
8. *Græcismus.*

Quæst. 1. *Quid est Ellipsis?*

ELLIPSIS est, quando verbum aliquod, in constructione necessarium, ommittitur, ad exprimendum affectum. Ità *admirationem* præ se fert imperfecta illa Veneris locutio. Æn.1.

Sed vos qui tandem? ————
ubi omittitur *estis.*

Et illa Phamphili *indignationem.* Ter. And. Act. 1. Sc. 5
Tantdmne rem tam negligenter agier? ubi deest
Decet.

Quæst. 2. *Quid est Pleonasmus?*

PLEONASMUS est, quando verbum aliquod in oratione redundat. N B. Indicat autem, cum emphasi, vehementiam, aut certitudinem: ut, *tibi gentium? hisce oculis vidi.* Sed qui talem emphasin non habet otiosus est, & vitiosus.

Quæst.

Quæst. 3. *Quid est Asyndeton?*

ASYNDETON est, quando, in vocabulorum congerie, omittitur conjunctio copulativa, ob celeritatem & acrimoniam. ut, *Tot res repente circumvallant, unde emergi non potest ; vis, egestas, injustitia, solitudo, infamia.* Ubi singulæ voces asyndetæ sunt emphaticæ.

Quæst. 4. *Quid est Polysyndeton?*

POLYSYNDETON est, quando conjunctiones, ob orationis gravitatem, neque etiam sine emphasi, redundant. ut, Livius, l. 8. Dec. 3. *Et somnus, & vinum, & epulæ, & scorta, & balneæ, corpora atque animos enervant.*

Quæst. 5. *Quid est Hyperbaton?*

HYPERBATON est verborum, à recto constructionis ordine, in alium concinniorem, elegantiæ & varietatis ergô, transpositio. ut, in primâ primæ orationis sententiâ. *Quæ res in civitate duæ plurimum possunt, eæ contra nos ambæ faciunt in hoc tempore, summa gratia & eloquentia : quarum alteram (C. Aquilli!) vereor, alteram metuo : Eloquentia Q. Hortensii, nè me dicendo impediat, nonnihil commoveor: gratia Sex. Nævii, nè P. Quinctio noceat, id v. non mediocriter pertimesco.* Naturalis n. ordo longè diversus est : *Gratia & Eloquentia summa, quæ duæ res possunt plurimum in civitate, ambæ eæ faciunt contra nos in hoc tempore : quarum vereor alteram, (C. Aquilli!) metuo alteram : commoveor nonnihil, nè eloquentia Q. Hortensii impediat me dicendo: pertimesco verò id non mediocriter, nè gratia S. Nævii noceat P. Quinctio.*

Quàm hic ordo absonus, quàm ingratus foret ?

Quæst. 6. *Quid est Zeugma ?*

ZEUGMA est, cùm verbum aliq od, aut adjecti-
vum, femel in fententiâ expreffum, ad plura, di-
verforum generum, numerorum aut perfonarum,
fuppofita refertur, cum quorum proximiori con-
cordat. ut, *Vicit pudorem libido, timorem audacia,*
rationem amentia. eft a. triplex.

Prozeugma, cùm vox illa communis exprimitur in
principio. ut,
——————— Sunt *nobis m.ti.i poma,*
Caflaneæ molles, & preffi copia laĉtis.
Mefozeugma, cùm in medio ; ut
Semper honos, noménque tuum, laudéfque manebunt.
Hypozeugma, cùm in fine ; ut, Ovid.
Non Venus & vinum fublimia peĉtora fregit.

Quæst. 8. *Quid est Antithesis ?*

ANTITHESIS est, cùm Oppofita [feu Anti-
theta] in oratione invicem refpondent. ut,
Obfequium amicos, veritas odium parit.

Quæst. 7. *Quid est Græcifmus ?*

GRÆCISMUS [five Hellenifmus] eft, quando
conftructio Græcæ liiguæ propria, in fermone
Latino ufurpatur. ut, *Canum degeneres caudam*
fub alvum reflectunt. Nigræ lanarum nullum colorem
bibunt. Sic Græci. Iſoc. Ἀρχὴν γὸ τοῦ μὲν γρα-
φῆς ἀπεικάζειν τὰ καλὰ τῶν ζώων, τὺς ᾗ
παῖδας μὴ μιμεῖθαι τοὺς ἀυϛδαίους τῶν γονέων.

His addantur

HYSTEROLOGIA [five Hyfteron proteron]
cùm, in oratione, quod naturæ ordine præcedit,
fequitur. ut, Virg. *Poftquam alios tetigit fluctus,*
& ad æquora venit.

D   AN-

ANTIPTOSIS cùm cafus pro cafu ponitur. ut,
urbem, quam ftatuo, veftra eft.

HYPALLAGE, cùm duæ dictiones commutant
cafus. ut; *Dare claffibus auftros* : pro, *dare claffes
auftris.*

Figuræ fententiæ 10.

1. *Parrhéfia.* 2. *Erotéfis.* 3. *Parénthefis.* 4. *Paráthefis.*
5. *Periphrafis.* 6. *Synonymia.* 7. *Hypotypófis.*
8. *Præmunitio.* 9. *Tranfitio.*
10. *Rejectio.*

Quæft. 1. *Quid eft Parrhéfia ?*

PARRHESIA eft, cùm rem invidiofam, aut
odiofam liberè eloquimur, apud eos, quos vereri
debemus. Et eft duplex. Vel quâ crimen nobis
intentatam confidenter fatemur & defendimus :
vel quâ aliis crimina audacter objectamus &
reprehendimus.

2. *Quid eft Erotéfis.*

EROTESIS eft locutio, quâ aut
1. Scifcitamur ; ut,
———*cujum pecus ? an Melibæi ?*
2. inftamus ; ut, *Quoufque tandem Catilina, abutère
patientiâ noftrâ ?*
3. Contrarium vehementer enunciamus : interrogatio
enim affirmativa vehementer negat, negativa
vehementer affirmat.

3. *Quid eft Parénthefis ?*

PARENTHESIS eft fententiola fententiæ
partibus commodè inferta ; fed nec cum priori,
nec

nec cum posteriori cohærens. De quâ 2 notentur Regulæ.

   1. Nec longa, nec frequens fit : quia hiulcam reddit orationem & obscuram.

   2. Parenthesis Parenthesi rarò interatur.

     4. *Quid est Paráthesis ?*

PARATHESIS est , quando , declarationis & distinctionis gratiâ, nomen nomini in eodem casu apponitur. ut , *Lupum* [piscem] *non vidit Italia.*

     5. *Quid est Periphrasis ?*

PERIPHRASIS est rei, quæ verbo uno dici potest, per plura explicatio.

   N B. Hæc quatuor præcipuè modis fit.

   1. Cùm patria, secta, aut facinus proprii nominis loco ponitur. ut, *Venusinus pœta* pro *Horatio. Sulmonensis Vates* pro *Ovidio. Peripatetica Scholæ princeps* pro *Aristotele. Stoicæ familiæ pater* pro *Zenone. Eversor Carthaginis* pro *Scipione. Trojani belli scriptor* pro *Homero.* ὁ τὰ Εθυικὰ γράψας, *Stephanus.* ὁ τῶν σάυτων ἐξηγητὴς *Hermogenes Rhetor.* Ἀλεξανδρεὺς ῥήτωρ ὁ τὰ ἐρωτικὰ τάξας, *Achilles Statius.*

   2. Etymologiâ, cùm videlicet nominis rationem explicamus. ut, *Alienæ hæreditatis captator,* pro *hæredipeta. Vir sapientiæ studiosus* pro *philosopho. Veri Dei cultor* pro *Christiano.*

   3. Notatione, cùm notis ac signis quibusdam accidentium rem quampiam depingimus. ut, *Caput uno scalpit digito* pro *molli. Cubito se emungit* pro *Salsamentario.*

   4. Finitione. ut, *Ars ornatè dicendi* pro *Rhetorica. Legum ac civium libertatis oppressor* pro *Tyranno.*

Quæst. 6.   *Quid est Synonymia?*

SYNONYMIA [seu Palilógia] est congeries
Synonymorum. ut, Virg. Æn.

Quem si fata virum servent, si vescitur aurâ
Æthereâ, nec adhuc crudelibus occubat umbris,
Non metus. ――――――

Quæst. 7   *Quid est Hypotypósis?*

HYPOTYPOSIS est, cùm res tota ità particu-
latim & ordine exprimitur, ut coràm videri videatur.

Quæst. 8.   *Quid est Præmunitio?*

PRÆMUNITIO [sive Præparatio] est, quando
adversùs eorum, quæ dicturi sumus, reprehensio-
nem, nos præmunimus, rationem aliquam aut
caussam prætendentes.

Quæst. 9.   *Quid est Transitio?*

TRANSITIO est, quâ connectuntur partes
orationis.

Duplex est.

1. Perfecta, quâ dicitur & quid dictum sit, & quid
dicendum. ut, Virg. Georg. 2.

Hactenus arvorum cultus & sidera cœli:
Nunc te Bacche canam, &c.. ――――――

2. Imperfecta, quâ, aut quid dictum, aut quid
dicendum sit, dicitur. ut, Salust. in Jugurth. *De*
Africâ & ejus incolis ad necessitudinem rei satis
dictum.

Fit

Fit 8 Modis.

1. Ab æquali : ut, *At hæc erant jucundiſſima, nec minùs voluptatis attulerunt illa.*

2. Ab inæquali : ut, *Sed hæc utcunque ignoſcenda, illud quis ferat ? audiſtis graviſſima , ſed audietis graviora.*

3. A ſimili : ut, *Hæc perfida deſignavit, cujus generis ſunt & illa, quæ nuper Romæ patrâſſe dicitur.*

4. A contrario : ut, *Sed hæc juvenis peccavit ; nunc ſenis virtutes audietis.*

5. A diverſo : ut, *De moribus habes ; nunc de doctrinâ reliquum eſt ut dicamus.*

6. Quaſi per occupationem : ut, *Jam ad reliqua properabimus, ſi priùs illud unum adjecerimus.*

7. Per reprehenſionem : ut, *Quid his immoror ? ad id, quod eſt hujus cauſſæ caput feſtinet oratio.*

8. A conſequentibus, ſive à relativis : ut , *habes quid in illum contulerim beneficiorum ; nunc quam gratiam mihi retulerit, audi.*

Quæſt. 10. Quid eſt rejectio ?

REJECTIO eſt, cùm aliquid aut in alium locum, aut in aliud tempus rejicimus ; aut omnino à cauſſâ & oratione noſtrâ removemus. ut, *Sed de Lucullo alio dicam loco : & itâ dicam, ut neque vera laus ei detracta oratione meâ, neque falſa afficta eſſe videatur.*

De his rebus alio tempore dicetur.

N B. Scitum eſt cauſſam in tempus conferre, cùm afferre plura, ſi cupias, non queas.

Omnia

Omnia ferè hujus Artis vocabula (ut & aliarum) origine Græca funt. Nè igitur omnino vacuæ effent poftremæ hæ pagellæ, eorum natales indigitare, Etymologiæque rationem, in juniorum gratiam, explicare, & hoc in loco fubjicere vifum eft.

Περὶ τὸ ὀρθῶς διδάσκειν δεῖ πρᾶτον ἐξετάζειν τὰ ὀνόματα. Arift.

R HETORICA [fubintellige, Ars, vel facultas] Ρητορικὴ [fc. τέχνη.] à ῥέω dico : quia eft ars ornatè dicendi. ῥέω autem hoc modo formatur ; εἴρω dico eft inufitatum : Fut.—ἐρῶ. Ἰωνικῆ διαλύσι —ἐρέω dicam. unde deducitur Præfens novum — ἐρέω dico : κατ᾽ ἀφαίρεσιν — ῥέω (ficut ab ἐρύω fit ῥύω) Fut. ῥήσω, Præter. ἔῤῥηκα. Atticè ἔιρηκα (ut εἴληφα pro λέληφα) pr. paff. ἔῤῥημαι — ἔῤῥησαι —ἔῤῥηλαι. unde ῥῆμα — ῥῆσις — ῥήτωρ, & ῥητορική.

Tropus, τρόπ☉. à pr. med. τέτροπα. quod à τρέπω, muto, immuto. eft n. λέξεων ἐκτροπὴ, deflexio à communi ufu, & propriâ fignificatione. Cic. lib. de clar. Orat. Ornari orationem Græci putant, fi verborum immutationibus utantur, quas appellant τρόπες, & fententiarum, orationifque formis, quas vocant σχήματα.

Catachréfis κατάχρησις. abufio. à καταχράομαι — ῶμαι abutor : quia alienis abutimur, cùm propria deficiunt. à χράομαι, pr. κέχρημαι — κέχρησαι, χρῆσαι, &c. unde χρῆσις, & cum præp. καΐὰ (contrarium significante) κατάχρησις.

Hypérbole, ὑπερβολὴ, *superlatio*. ab ὑπερβάλλω, *supero*, quia alicujus augendi, minuendíve causâ superat veritatem.

Auxésis, αὔξησις, *augmentum, incrementum*, ab αὐξέω--ῶ. *augeo.* (pro quo in usu est αὔξω.) quia amplificando rem auget.

Miôsis, μείωσις, *imminutio*, *extenuatio*, ἐλάτΐωσις. à μειόω--ω, *minuo, minorem reddo.* ex compar. μεῖον. ut Synonymum ἐλατΐόω ex ἔλατΐον.

Tapinôsis, ταπείνωσις, *humiliatio, submissio.* à ταπεινόω--ῶ, *humilem reddo, submitto :* quia hac figurâ rei magnitudo & dignitas verbis minuitur.

Metalépsis, μείάλη-ψις, *transsumtio.* ἀπὸ τῦ μείαλαμβάνω, quod inter alia significat *transsumo.* Varie sumitur. *Apud Rhetoras* est status quidam, nempe controversia quædam judicium præcedens : ità dicitur, quia à judice in judicem, ab accusatore in accusatorem, à tempore in tempus, à loco in locum, vel denique cùm negatur, agendum hac lege, hac pœnâ, ob hoc crimen. Voss. l. 1. c. 10.

Μετάλη-ψις *apud poëtas* est, cùm nomina ejusdem significationis inter sese permutantur : ut cùm γλήνη (pupilla) ponitur pro puella : quia κόρη etiam illa duo significat. Quintil. lib. 8. cap. 6. *Superest ex iis, quæ aliter significant,* μετάλη-ψις, i. e. *transsumtio, quæ ex alio in aliud velut viam præstat, tropus & rarissimus & maximè improprius. Est n. hæc in Metalepsi natura, ut inter id quod transfertur, sit medius quidam gradus, nihil ipse significans, sed præbens transitum, quem tropum magis affectamus, ut habere videamur, quàm ut ullo in loco desideremus.* Itaque hæc metalepsis est in unâ voce continuatio

atio tropi per fucceſſionem ſignificationum : ſicut
allegória eſt continuatio troporum in diverſis dictionibus. & hæc aliquando confunduntur. Ideo
Euſt. μετάληψιν alicubi exponit ἀλληγορίαν, &
μεταλαμβάνειν ei eſt allegoricè ſignificare.

Μετάληψις *apud* Grammaticos, quæ alio no-
mine κλῖσις,cujus uſus eſt in conſtructione,quum
caſus qui præcedit ſuam ἀκολυθίαν non ſervat,
ſed in alium μὲ]λαμβάνε]αι aut μέ]ακλίνε]αι.
cujus ſchematis exempla vide apud Euſtathium,
pag. 103.

    λαμβάνομαι. perf. λέλημμαι (Atticè
ἔιλημμαι) λέληψαι, &c. indè λῆψις, & cum
præp. μετά, μετάληψις.

Allegória, *ἀλληγορία*, *inverſio*, *permutatio*, cùm aliud
    verbis , aliud ſenſu proponitur : ab ἄλλο &
    ἀγορέω, i e. ἀγορεύω *dico* : ἄλλο γὰρ ἀγορεύει,
    ἄλλο ῇ νοεῖ. continet illa plures tranſlationes
    & continuas, ideóque perpetua etiam Metaphora
    dicta eſt. ut Hor. lib. 1. Od. 14.

    O Navis, referent in mari te novi
    Fluctus : O quid agis ? fortiter occupa
    Portum, &c. ————

    in quâ *navem* pro republicâ ; *fluctuum tempeſtates*
    pro bellis civilibus ; *portum* pro *pace* & concordiâ
    intelligi voluit.

Metonymia, μετωνυμία, *tranſnominatio*, à præp. μετὰ
    & ὄνομα *nomen*. A Fabio exponitur nominis pro
    nomine poſitio: cujus vis eſt (inquit) pro eo quod
    dicitur, cauſſam propter quam dicitur ponere.

Ironia, εἰρωνεία, *ſimulatio*, *irriſio* : ab εἴρω *dico* :
    unde εἴρων *ſimulator*, qui aliter dicit ac ſentit : ex
    quo εἰρωνεία accipi ſolet pro *diſſimulatione*, quâ
    aliter ſentimus, aliter loquimur.

                            Para-

Paralipsis , παράλειψις , *præteritio* , à παρᾳλείπω, *praetermitto, omitto, relinquo.* Eâ utimur, quia res notæ aut parvæ sunt, aut quia ingratæ futuræ existimantur. eadem & *parasiopésis* dicitur.

Apóphasis, ἀπόφασις, *negatio,* ab ἀπόφημι, *nego.*

Metáphora, μεταφορά , *translatio,* à μεταφέρω, *transfero.*

Synecdoche, συνεκδοχὴ, *comprehensio* , à συνεκδέχομαι *comprehendo,* vel *unà excipio* ; quia est tropus quo ex uno plura intelligimus, parte totum, specie genus, præcedentibus sequentia, vel contrá. Quintil. lib.8.c.6.

　　At *Grammaticis* συνεκδοχὴ vocatur, cùm nomen aut verbum universale restringitur ad partem , vel aliquid saltem speciale, quod per accusativum effertur : ut, *rubet capillos.* Synecdochen a. appellant, quia particulare comprehenditur ab universali. Alii malunt vocare *ἔλλειψιν* præpositionis *secundùm*: ut apud Græcos intelligi solet κατά. Voss. Partir. orat. lib. 4. c.6.

Rhythmus, ῥυθμὸς, *numerus, qualis est in Musicâ.* ῥυθμὸς ab Hesychio exponitur κανὼν, μέτρον, τρόπος, μέλος εὔφωνον, ἀκολυθία, τάξις, σύγκρισις. Suid. τάξις ἐμμελὴς ἀκολύθυ ἁρμονίας. 1. *Est ordo motionis,* 2. *Numerus musicus,* qui certo tempoıum spatio constat. 3. *numerus oratorius,* 4.*num. Poëticus,*præcipuè certa in versibus homoeoptôtis mensura. ἀπὸ τῇ ῥύα—ῥύσω, ῥημαλικὸν ὕτεμα ῥυσμὸς, κ̀ τροπῇ σ εἰς θ—ῥυθμὸς. ἢ ἐκ τȣ ἐρύω, τὸ ἑλκύω, ἐρυσμὸς, κ̀ ἀφαιρέσει τȣ ε κ̀ τροπῇ—ῥυθμός. ut significetur æquabilis tractus. Etym. pag.706.13.

Métrum, μέτρον, *mensura, modus,* deinde *carmen ex*
　　　　　　　　　　　　　　　　　mensuris

menſuris certorum pedum conſtans. ἀπὸ τῷ μείρω τὸ μερίζω κ᾽ ἀριθμῶ, γίνεlαι μέετρον, κ᾽ ἀπιβολ῾ τῷ ρ, μέτρον. ſicut à φέρω φέρτρον, & à δέρω δέρτρον. Etym. 581·46.

Metaplaſmus, μεταπλασμὸς, *transformatio,* à μεταπλάτlω, *transformo, tranſmuto, transfiguro.*

Synalœpha, συναλοιφὴ, *vocalium commixtio, unio duarum ſyllabarum,* quantum ad vocales, *in unam.* à verbo συναλείφω, *coingo, ſimul ungo*; Metaphoricè pro *commiſceo, confundo,* in *unum contraho*: ſic dicunt, τὸ α κ᾽ τὸ ο εἰς ω συναλείφεlαι : i·c. κιρνᾶται.

Ecthlípſis, ἔκθλιψις, *eliſio, extritio.* à verbo ἐκθλίβω, *extero, elido, excludo.*

Prósthesis, ωρόϑεσις, *appoſitio,* ὰ ωρ5ςίθημι, *appono.*

Aphæresis, ἀφαίρεσις, *ablatio* : ab ἀφαιρεόμαι *auſero.*

Epénthesis, ἐπένθεσις, *interpoſitio* : ab ἐπεντίθημι, *interpono.*

Syncope, συlκοπὴ, *conciſio,* à συlκόπlω, *concido.*

Paragóge, παραγωγὴ, *productio*: à παερόγω, *produco.* Tryphon ωροχημάlισμὸν vocat.

Apócope, ἀποκοπὴ, *abſciſſio,* ab ὰπκόπlω, *abſcindo.*

Diæresis, διαίρεσις, *diviſio,* à διαιρέω, *divido.* vocatur etiam διάλυσις à διαλύω *diſſolvo.*

Synæresis, συναίρεσις, *contractio,* à συναιρέω, *in unum contraho.* dicitur etiam ἐπισυναλοιφὴ *coalitiσα,* ab ἐπὶ ad, & συναλείφω, *collino, commiſceo.*

Tmesis, τμῆσις — *ſectio, diviſio.* à τέμνω *ſeco.* pr. paſſ. τέτμημαι, τέτμηςαι, τέτμηlαι, unde τμῆμα, τμῆσις, τμηlός.

Metá-

Metáthesis, μετάθεσις, *transpositio* : à μετὰ & τίθημι *pono.*

Antíthesis, ἀντίθεσις, ab ἀντὶ *pro*, & τίθημι.

Diástole, διασολὴ, *extensio, diductio, dilatatio.* figura, quâ syllaba contra naturam extenditur, profertúrque ore διεσαλμένῳ *diducto* & *dilatato*, cùm tamen sit pronuncianda συνεσαλμένῳ : i e, *contracto.* A σέλλω pr. m. ἔσολα. unde cum præp. διασολὴ. Aliter vocatur ἔκλασις. i e: *extensio.*

Syftole, συσολὴ, *correptio :* cui opponitur διασολὴ: à pr. med. ἔσολα.

Epizeuxis, ἐπίζευξις, *adjunctio*, ab ἐπιζώγνυμι *conjungo, desuper innecto.*

Anadiplósis, ἀναδίπλωσις, *reduplicatio*, à præp. ἀνὰ & διπλόω, — ὦσω *duplico.*

Climax, κλίμαξ, *gradatio*, ἀπὸ τὸ κλίνω. perfect. paff. κέκλιμαι: unde κλίμαξ.

Anáphora, ἀναφορὰ, *relatio*, ab ἀναφέρω *refero.*

Epíftrophe , ἐπιςροφὴ, *conversio*, ab ἐπὶ & ςρέφω *verto.*

Symploce, συμπλοκὴ, *complexio, complicatio.* à συμπλέκω *complico, connecto.*

Epanalépsis, ἐπανάληψις *resumtio.* verbum decomp. ab ἐπὶ, ἀνὰ, & λαμβάνω. perf.paff. λέλημμαι λέλημψαι - indè λῆψις, & in compositione cum præpp. ἐπανάληψις.

Epánodos, ἐπάνοδ℗, *regressio.* cùm per eadem recurrimus, verba inverso ordine relegentes: ab ἐπὶ & ἀνοδ℗ : quod ab ἀνὰ & ὁδός.

Paronomáfia, παρονομασία, *adnominatio :* à præp. παρὰ & ὄνομα *nomen.*

Polyptóton, πολύπτωτον, *variatio casuum.* q d. variè πτωτὸν, i e, *cadens :* multitudo casuum varietate diftincta.

Logifmus,

Logísmus, λογισμὸς, à λογίζομαι. præt. λελόγισμαι. unde λογισμός.

Ecphonésis, ἐκφώνησις, exclamatio, ἀπὸ τῶ ἐκφωνέω—ήσω.

Epiphonéma, ἐπιφώνημα, acclamatio, ab ἐπιφωνέω, acclamo.

Epanorthósis, ἐπανόρθωσις correctio, ab ἐπανορθόω corrigo.

Aposiopésis, ἀποσιώπησις, reticentia, ab ἀπὸ & σιωπάω — ήσω, obticeo.

Apóstrophe, ἀποςροφὴ, aversio, ab ἀπὸ & ςρέφω.

Prosopopœïa, προσωποποιΐα, fictio personæ : à πρόσωπον persona, & ποιέω.

Apória, ἀπορία, addubitatio. ἀπὸ τῶ ἀπορέω, μ. ἀπορήσω, κ. ἀπορέυμαι, ambigo, dubito, harco, animi pendeo.

Anacœnósis, ἀνακοίνωσις, communicatio : ab ἀνὰ & κοινόω communico.

Prolépsis, πρόληψις, occupatio, anticipatio : à πρὸ & λαμβάνω. præt. λέλημμαι, — λέληψαι &c. indè λῆψις, & cum præp. πρόληψις.

Prosapódosis, προσαπόδοσις, redditio : à πρὸςαποδίδωμι reddo, insuper do, addo.

Hypóphora, ὑποφορά, objectio : ab ὑποφέρω objicio.

Anthypóphora, ἀνθυποφορά, subjectio : Quintil. lib. 9. ab ἀνθυποφέρω, per sermonis exceptionem objicio, tacitè adversarii objectionibus occurro.

Epítrope, ἐπιτροπὴ, permissio, ab ἐπιτρέπω permitto, concedo.

Synchorésis, ςυγχώρησις, concessio : à ςυγχωρέω concedo.

Ellípsis, ἔλλειψις, defectus, ab ἐλλείπω deficio.

Pleonásmus, πλεονασμὸς, redundantia, à πλεονάζω redundo.

Asyndeton, ἀσύνδετον, inconjunctum : vocatur διάλυτον dissolutum : oratio, in quâ omittuntur copulativæ

lativæ particulæ : ut, *veni, vidi, vici* : ab *α* privativâ particulâ, & ζυνϑετòς *colligatus* : à δέω *ligo.*

Polyſyndeton, πολυσυνδετον, *variè & multipliciter conjunctum* : à πολùς & ζυνδετός.

Hypérbaton, ὑπέρϐατον, *transgreſſio* : ab ὑπερϐαίνω *transgredior.*

Zeugma, ζεῦγμα, *junctura, junctio* : à ζδύγνυμι *jungo.*

Antítheſis, ἀντίϑεσις, *oppoſitio,* vel ἀντίϑετον *oppoſitum* : ab ἀντì, i e, *contra,* & ϑέσις *poſitio* : à τίϑημι.

Græciſmus, γραικισμòς, *imitatio Græcorum.* Γραικòς *Græcus,* Rex quidam, à quo *Græcia* appellatur. vid *Plin.* l. 4. c. 7. *Steph. Byz.* Γραικòς ὁ Θεσσαλῦ ὑός · ἀφ᾽ ὖ Γραικοì οἱ Ἕλλωες. Eadem figura dicitur Hellenismus, ἑλλωισμòς, *Græcorum imitatio,* ab Ἕλλων — ωος, *Hellen,* Deucalionis filius : à quo Græci dicuntur Ἕλλωες. ἐλλωίζω, *Græcè loquor.*

Hyſterológia, ὑστερολογία, *cùm poſteriùs dicitur, quod ordine priùs.* Aliter dicitur ὕστερον πρότερον, & πρωϑύστερον. ab ὕστερος, & λόγῷ.

Antiptóſis, ἀντίπλωσις, *casús pro casu poſitio* : ab ἀντì *pro,* & πλῶσις *casus.*

Hypállage, ὑπαλλαγὴ, *immutatio* : ab ὑπò & ἀλλάσσω *muto.*

Parrhéſia, παρρησία, *licentia, loquendi libertas & audacia* : quaſi πανρησία, à πᾶν & ρῆσις, *licentia loquendi,* quâ videlicet omnia dicuntur, etiam quæ tacenda videri poſſunt. hinc παρρησιάζομαι [ἐλδθερόσομαϊ] *liberè loquor.* παρρησιασικὼς *liberè loquendo.*

Erotéſis, ἐρώτησις, *interrogatio,* ab ἐρωτάω *interrogo.*

Parénthesis, παρένϑεσις, *interpoſitio* : à παρεντίϑημι *inſero, interjicio.*

Paráthesis

Paráthesis, παρἀθεσις, *appositio*, à παρατίθημι *appono*.

Períphrasis, σἐιφρασις, *circumlocutio*, à σἐιφράζομαι *circumloquor*.

Synonymia, σωωνυμία, *nominis communio*, cùm *Synonyma*, i e, vocabula idem significantia utiliter coacervantur. In eâ ferè posterius est exegeticum prioris : à σωὶ & ὄνομα.

Hypotypósis, ὑποτύπωσις, *evidentia*, & *illustratio*, quando res ità scribendo exprimitur, ut delineata videatur. Budæus. ab ὑποτυπόω, *per figuram demonstro*. χαρακἰηεἰζω.

Præmunitio, πρςκαἰασκ꭫η, *præparatio, præstructio*, à πρςκαἰασκ꭫ἀζω, *præparo, præstruo*, & *præmolior quippiam ad id quod tento efficere*.

Transitio, μετάβασις, à μεταβαίνω *transeo*.

Rejectio, ὑποδίωξις, *expulsio*, ab ἀποδιώκω *fugo, perseqour, expello*.

ΤΕΛΟΣ.

Imprimatur.

JOAN. LANGLEY.